Maxime Du Camp

La Fortune
de Paris

l'octroi et les revenus de la ville

ISBN : 978-1533286628

10 9 8 7 6 5 4 3 2 1

Maxime Du Camp

La Fortune de Paris

l'octroi et les revenus de la ville

Table de Matières

Introduction

Dans les études qui précèdent celle-ci, nous avons essayé de faire comprendre le mécanisme des organes à l'aide desquels fonctionne le grand corps de Paris. Nous avons limité le champ de nos investigations aux services publics qui relèvent directement de la municipalité ou de l'état, et nous avons rejeté avec soin hors de notre cadre tout ce qui était administration particulière, ne voulant sous aucun prétexte avoir à nous prononcer sur la valeur des exploitations privées qui, tout en servant l'intérêt général, n'ont été établies qu'en vue d'intérêts personnels. C'est l'historique des administrations abstraites, pour ainsi dire, que nous avons cherché à retracer, de celles qui, agissant en vertu d'un but supérieur, ont pour mission de subvenir aux besoins moraux, intellectuels et physiques de 2 millions d'hommes. On a pu voir que Paris ne manque pas à sa tâche, que chaque jour il s'efforce d'améliorer, sous toutes les formes, les conditions qui assurent l'existence de son peuple. Une telle œuvre, si compliquée, si multiple, si énorme, dont les exigences s'accentuent et se renouvellent sans cesse, nécessite de lourdes dépenses, et implique des ressources inépuisables. Paris a-t-il donc une fortune qui lui permette de rémunérer les agents qu'il emploie et de donner l'impulsion à tous ses engrenages administratifs ? Non, Paris est pauvre, et il mourrait de faim, s'il ne s'assurait l'argent qui lui est indispensable en le demandant au peuple même qu'il a charge de surveiller et de secourir. Ce qu'il lui prend d'une main, il le lui rend de l'autre ; les centimes qu'il reçoit de l'homme individuel deviennent les millions dont profite l'homme collectif ; c'est peut-être parce qu'il entre beaucoup de bétail aux abattoirs que nous avons un excellent système hospitalier. Les ressources de Paris sont importantes, mais elles ne suffisent qu'aux besoins ordinaires ; si l'on n'avait eu recours à des emprunts qui s'élèvent maintenant au chiffre de près de 1,800 millions,[1] Paris, comme au siècle dernier, serait un cloaque sans eau, sans lumière, sans salubrité, sans sécurité et sans voies de communication. Sous peine de voir la capitale de la France étouffer sur elle-même et périr de résorption, il a fallu accomplir ces gigantesques travaux

---

[1] La dette municipale résultant des emprunts s'élève exactement aujourd'hui à 1,794,930,796 francs.

Maxime Du Camp

d'assainissement, d'aération, malheureusement interrompus aujourd'hui, et qui s'étaient imposés avec une inéluctable nécessité. C'était là pour notre ville un surcroît de charges auxquelles on n'a pu faire face que par des sacrifices qui souvent ont été douloureux, mais qu'il était impossible d'éviter. Ce qui reste du vieux Paris est là pour l'attester ; certains quartiers anciens avoisinés par les quartiers nouveaux prouvent que la transformation commencée fut une œuvre d'utilité absolue, et qu'il faudra la reprendre dès que les circonstances le permettront ; il suffit de s'égarer dans les ruelles qui séparent les deux tronçons du boulevard Saint-Germain pour en être convaincu. Quelque indispensables que fussent ces travaux, ils n'ont pu être mis en œuvre sans peser singulièrement sur le budget de la ville, qui est obligée de payer les intérêts des dettes contractées et d'amortir celles-ci par annuités stipulées. Il faut donc à cette heure solder le passé, assurer le présent et préparer l'avenir ; c'est là une triple tâche féconde en difficultés, surtout après les événements dont nous avons été assaillis, et il faut avouer que Paris s'en tire à son honneur.

Le budget normal de 1873 a mis 197,815,582 francs 66 centimes de recettes ordinaires à la disposition de la ville. Ces ressources sont tirées de dix-sept catégories d'opérations fiscales différentes qu'il est bon d'énumérer rapidement : ce sont les centimes communaux, l'octroi, les halles et marchés, le poids public et le mesurage, les droits de voirie, les établissements hydrauliques, les abattoirs, les entrepôts, la location d'emplacements sur la voie publique et dans les promenades publiques, les loyers de propriétés communales et les redevances immobilières, le produit des ventes d'immeubles et de matériaux, les expéditions des actes, les taxes funéraires, les concessions de terrain dans les cimetières, l'exploitation des voiries, les contributions, legs et donations pour travaux et services divers, enfin les recettes diverses. De chacun de ces chefs sort un revenu régulier qui constitue à la ville une sorte de rente viagère incessible, sur laquelle les événements exercent une influence appréciable et que les besoins à satisfaire augmentent d'année en année. En un mot, c'est la fortune de Paris ; mais parmi ces dix-sept sources de la richesse municipale il en est une qui est bien plus abondante que les autres, qui coule jour et nuit sans interruption, car elle s'alimente aux nécessités les plus impérieuses de la vie :

c'est l'octroi ; il est la base la plus sérieuse, le produit le plus ample du budget, il représente une caisse toujours ouverte où l'on peut aller puiser à toute heure. Dans l'administration de la préfecture de la Seine, l'octroi forme une administration à part, presque indépendante ; il a des attaches intimes avec le ministère des finances, pour le compte duquel il opère la perception de certains droits afférents au trésor ; dans ce personnel financier, qui travaille sans relâche à fournir des moyens d'action à la ville de Paris, il est le personnage principal, car ses recettes constatées en 1869 ont été de 110,189,680 francs, et les recettes prévues pour 1873 sont de 109,745,000. C'est donc l'octroi qu'il convient d'étudier, si l'on veut connaître l'origine des revenus les plus sûrs de Paris, de ce que l'on nommait jadis les *rentes de la ville*.

I. — L'octroi.

Ottroium est licentia vassalo data, dit Ducange ; l'octroi est l'autorisation accordée à un vassal. En effet, les rois permettaient aux communes d'imposer certains objets de consommation, afin de se procurer les ressources dont elles avaient besoin. Les mots ont changé, le fait est resté le même. Aujourd'hui encore l'imposition de nouvelles taxes municipales est entourée de garanties qui équivalent à la sanction souveraine et la remplacent. Sur le rapport de l'administration de l'octroi, le préfet de la Seine propose une taxe au conseil municipal ; celui-ci l'approuve après examen et discussion, le conseil d'état l'étudié et la règle, le pouvoir exécutif la rend obligatoire par un décret qui a force de loi. On le voit, sous d'autres formes c'est toujours la faculté de frapper impôt à son profit qui est octroyée à la ville. Tel qu'il fonctionne aujourd'hui, l'octroi est relativement moderne ; son acte de naissance est la loi du 27 vendémiaire an VII (18 octobre 1798). Il existait néanmoins autrefois et ressortissait à la ferme-générale, qui, pour le rendre, plus efficace et empêcher les fraudes, avait fait construire le mur d'enceinte commencé en 1782, terminé seulement sous le consulat, que nous avons connu, et qui est tombé après le 1er janvier. 1860, lorsque les communes de Passy, Auteuil, Batignolles-Monceaux, Montmartre, La Chapelle, La Villette, Belleville, Charonne, Bercy, Vaugirard et Grenelle ont été annexées à Paris. Cette taxe n'était

Maxime Du Camp

point populaire ; les philosophes, les économistes du temps, les mécontents et les frondeurs, qui n'ont jamais fait défaut dans notre population, ne se gênaient guère pour en médire. Il est juste d'ajouter qu'à cette époque les deux tiers du produit appartenaient au roi, mesure excessive dont on pourrait retrouver l'origine dans un édit de 1323 rendu par Charles le Bel. Parlant des barrières, Mercier dit : « Elles sont communément de sapin et rarement de fer, mais elles pourraient être d'or massif, si ce qu'elles rapportent avait été employé à les faire de ce métal. »

La ferme-générale avait singulièrement modifié l'aspect du vieux Paris en l'enfermant de toutes parts, et en faisant construire à chacune des issues ces pavillons plus bizarres les uns que les autres, et dont quelques-uns encore debout sont attribués à divers services municipaux. L'architecte Ledoux, qui fut chargé de ce travail, avait une imagination aussi déréglée que stérile ; il s'épuisait à trouver des formes nouvelles, et ne les obtenait le plus souvent qu'au détriment des règles les plus élémentaires du bon goût.[1] Ledoux préconisait ce qu'il appelait « l'architecture parlante, » et trouvait tout simple que la maison d'un vigneron eût l'apparence d'un tonneau. L'archevêque de Brienne, en arrivant aux affaires, fit interrompre les constructions commencées ; on les reprit plus tard, on les arrêta de nouveau ; Ledoux ne ménagea pas ses plaintes, et dans une lettre pleine de doléances, où il raconte les caprices dont il eut à souffrir, il écrit cette phrase, qui mérite d'être répétée aujourd'hui : « il semble que cette nation ne soit pas susceptible d'une pensée durable, et qu'elle ne puisse atteindre au-delà du provisoire. » Il acheva pourtant d'élever ces lourds bâtiments qui, malgré les formes variées qu'il leur avait infligées, prouvaient par une laideur égale qu'ils sortaient tous de la même main.

Le premier acte de la révolution ne fut point la prise de la Bastille, ce fut la destruction et l'incendie des barrières. Dès le 12 juillet 1789, aussitôt que l'on eut appris le renvoi de Necker, le peuple, avant de songer à combattre la royauté, se rua avec ensemble sur les bureaux où. se tenaient les commis de la ferme-générale, ceux qu'il nommait les *gabeloux*, les *agents de la maltôte*. Dusaulx, dans *l'Œuvre des*

---

1 J'excepte l'hôtel d'Uzès, qui était fort beau, et dont la porte était surtout remarquable ; la spéculation l'a détruit récemment et a percé une rue sur le terrain qu'il occupait rue Montmartre.

I. — L'octroi.

sept Jours, dit, à la date du 13 : « Nous apprenons que plusieurs barrières ont été brûlées la veille et ce jour même, que les commis à la perception des droits d'entrée sont dispersés. » C'était la ruine de la ville ; tout entrait en franchise, et la municipalité se voyait subitement et violemment dépouillée de son revenu le plus clair au moment même où les charges qui lui incombaient augmentaient dans des proportions extraordinaires. De son côté, la ferme, dont le traité subsistait, car un tel cas de force majeure n'avait pas été prévu, la ferme n'attendait pas que les esprits fussent calmés pour ressaisir le gage auquel elle avait droit et qu'on venait de lui arracher. Augeard, dans ses *Mémoires secrets*, donne une date précise et un détail important. « La ferme-générale, dit-il, me choisit ce jour-là (16 juillet 1789) pour aller à l'Hôtel de Ville représenter à la commune combien il était intéressant pour le service des rentes de la ville que l'on rétablît sur-le-champ les barrières ; presque toutes avaient été brûlées, excepté les deux seules qui étaient appuyées sur les murs des jardins de Monceaux. » Sous une apparence de simplicité, cette dernière phrase accuse nettement le duc d'Orléans d'avoir fomenté le mouvement, car les seules barrières épargnées sont celles qui touchent à l'une de ses propriétés de plaisance. Le fait est-il vrai ? Il est impossible de le vérifier aujourd'hui ; mais avant de l'apprécier il faut se souvenir qu'Augeard était secrétaire des commandements de la reine.

Les barrières furent reconstruites, barrières en bois, peu solides, qu'on eût facilement jetées bas d'un coup d'épaule et où la surveillance en ces temps troublés n'était point rigoureuse ; elle l'était trop encore cependant au gré de la population, qui sincèrement croyait que la suppression des impôts devait naturellement faire partie du régime de la liberté. L'assemblée nationale s'occupait de la question et lui donnait sagement une solution à laquelle les mécontents ne pensaient guère : le 28 janvier 1790, elle décida que les droits d'octroi, aussi bien que les autres impôts, seraient acquittés par tous les citoyens, quels qu'ils fussent. Le peuple regimba ; il y eut, sinon des émeutes, du moins des collisions graves. L'assemblée tint bon ; par la loi du 15 mars 1790, elle abolit tous les droits féodaux, mais elle excepte les droits perçus à l'entrée sur les objets de consommation au profit du trésor public ; le 11 avril 1790, elle confirme cette décision ; le 4 août, elle ordonne

Maxime Du Camp

qu'elle soit exécutée. Les murmures s'accentuent et deviennent menaçants ; l'assemblée louvoie et cherche à gagner du temps pour calmer les esprits surexcités, et le 22 décembre elle rend un décret qui prescrit la perception des droits d'entrée jusqu'à ce que l'assemblée ait statué sur les dépenses des villes et des hôpitaux. C'était promettre implicitement l'abolition de l'octroi, et, comme on sentait que les législateurs étaient dans une vive perplexité à cet égard, on s'arrangea de façon à leur forcer la main. A la barrière de La Chapelle, les forains qui apportaient les approvisionnements de Paris et les préposés se livrèrent une bataille en règle ; il y eut des blessés et des morts. L'assemblée essaya de sauver au moins le principe de l'octroi : elle proposa de ne taxer que les denrées consommées par les riches ; elle imagina une sorte d'échelle des droits variant de 1 livre à 18 par tête d'habitant ; tout fut inutile, et la loi du 19 février 1791 décréta qu'à partir du 1er mai suivant tout droit d'entrée était supprimé.

Le 1er mai fut un jour de fête. La musique de la garde nationale lit le tour des murs de Paris en jouant des airs patriotiques ; toutes les barrières furent enlevées et les bureaux de perception détruits. Un peuplier enguirlandé de rubans tricolores fut planté dans le jardin des Tuileries, sous les fenêtres de l'appartement du roi ; le canon des Invalides et celui du Pont-Neuf tonnèrent comme pour une victoire ; le soir, Paris illumina, et le lendemain il était ivre. Au moment où l'octroi disparaît, où la pression populaire force les représentants à tarir, malgré leur résistance, la ressource indispensable aux multiples besoins d'une capitale habitée par 700,000 âmes, il est bon d'indiquer ce que produisaient les droits d'entrée ; le total général pour 1790 accuse 35,910,859 livres, dont 25,059,446 pour le roi et 10,851,413 pour la ville.

On essaya d'établir des taxes nouvelles pour remplacer celle qui venait d'être supprimée, non-seulement pour Paris, mais pour toutes les communes du royaume, et l'on n'y réussit pas. Puisqu'il n'était question à cette époque que des droits et non pas des devoirs d'un peuple libre, on aurait pu se rappeler la juste opinion émise par Montesquieu : « l'impôt par tête est plus naturel à la servitude, l'impôt sur les marchandises est plus naturel à la liberté ; » mais on vivait au jour le jour, l'assemblée était bien moins souveraine qu'elle n'aimait à le dire, et les sections organisées par la loi du 2 juin

I. — L'octroi.

1790 avaient une influence qui ressemblait bien au pouvoir absolu. La suppression de l'octroi ne répondit à aucune des espérances préconçues : la vie matérielle n'en fut pas moins dispendieuse à Paris, les arrivages se faisaient mal par des routes que l'on n'entretenait plus, la plupart des denrées manquaient, et le prix augmentait en raison de la rareté du numéraire ; en revanche, les inconvénients que des esprits prévoyants avaient redoutés ne tardèrent pas à se manifester. Comme les caisses de la municipalité étaient vides, on ne pouvait subvenir aux exigences même les plus élémentaires d'une grande ville. On éteignit la moitié des réverbères, parce que l'on n'avait pas de quoi payer l'huile, les rues, presque dépavées et qu'on ne balayait plus guère, étaient pour la plupart d'infects bourbiers ; fait plus grave pour un peuple qui avait inscrit le mot de *fraternité* dans sa devise nationale, on était obligé de fermer les hospices et de clore les hôpitaux, parce que l'on ne pouvait plus y pourrir les indigents, les infirmes et les malades. Cet état de choses dura sept ans, et finit par prendre des proportions qui créaient une sorte de danger public ; lorsque l'on chercha sérieusement le remède, on n'en trouva qu'un seul, le rétablissement de l'octroi. Toutes les villes, Paris même, le réclamaient. L'expérience avait été dure, mais elle n'avait pas été inutile ; en présence, de la mendicité encombrant nos voies publiques devenues impraticables, on alla demander des ressources à ce qui en a toujours produit, à là taxation des denrées alimentaires. C'était le seul moyen d'éviter que les villes ne restassent à la charge de l'état, qui avait déjà grand'peine à subvenir à ses propres exigences. L'état était intervenu, mais selon ses moyens et non pas selon les besoins qu'il fallait satisfaire. Le 2 fructidor an VI, le rapporteur de la commission des finances reconnaît que Paris est dans une situation intolérable : les services de voirie, déjà si singulièrement négligés, vont cesser tout à fait ; depuis longtemps, on ne paie plus personne ; les entrepreneurs menacent d'arrêter tout travail ; on doit 410,000 livres pour l'enlèvement des boues, 450,000 pour le pavage, 420,000 pour l'éclairage ; enfin la ville ne peut même pas solder une misérable somme de 16,000 livres qui est due aux balayeurs. Il était temps d'aviser, on se hâta. Le 24 vendémiaire an VII, le conseil des cinq-cents déclara l'urgence sur le rétablissement d'une taxe d'*octroi municipal et de bienfaisance* dont le produit intégral appartiendrait

Maxime Du Camp

à la ville de Paris ; le 27 du même mois (18 octobre 1798), la loi est votée. La première année, du 22 octobre 1798 au 23 octobre 1799, les perceptions fournirent la somme de 7,613,232 francs.

Si l'établissement des taxes d'octroi soulageait l'état, enfin débarrassé de la ville de Paris, si celle-ci y trouvait les ressources qui lui manquaient et la liberté d'action qui lui était nécessaire, une telle mesure ne faisait point l'affaire des cabaretiers et des débitants de liqueurs, dont elle aggravait les charges. Ce fut parmi ces âpres industriels une indignation générale, et promptement ils s'organisèrent pour éluder les prescriptions nouvelles. Ce n'était point difficile en ce temps où une police vénale laissait volontiers toute liberté d'allure à ceux qui la soudoyaient ; de plus la surveillance du périmètre de Paris et des barrières était confiée, en vertu de l'arrêté du 29 frimaire an VII, à un nombre d'agents dérisoire : 393 préposés devaient suffire à tout ; c'était là une économie fort mal entendue, et le trésor municipal pouvait s'en apercevoir. Dès que la nuit était tombée, la ville était littéralement prise d'assaut ; les cabaretiers des villages de la banlieue dressaient leurs échelles contre le mur d'enceinte, et les barils de vin, les bouteilles d'eau-de-vie, la viande, la charcuterie, le vinaigre, étaient descendus, à l'aide de cordes, aux complices qui attendaient dans le chemin de ronde. Si quelque commis malavisé s'aventurait à vouloir réprimer cette fraude violente, on le rouait de coups, on le bâillonnait, et l'on continuait sans gêne l'introduction des denrées prohibées. On fit plus : on creusa des souterrains qui, passant sous les boulevards extérieurs, sous le mur d'enceinte, sous le chemin de ronde, mettaient en communication les cabarets de la banlieue et ceux de la ville ; c'était un pillage, l'octroi était à sac. C'est sans doute de cette époque que date une galerie à demi comblée qui partant d'une maisonnette située dans l'ancien cimetière de la Salpêtrière, et, traversant le boulevard de l'Hôpital au nord de la barrière des Deux-Moulins, aboutissait à la rue du Marché-aux-Chevaux, et qui fut retrouvée lorsque M. Eug. de Fourcy fit faire les travaux destinés à reconnaître le Paris souterrain.[1] Il fallut le premier consul à la tête du gouvernement et Frochot à la préfecture de la

1 Voyez l'*Atlas souterrain de la ville de Paris*, par Eug. de Fourcy, 1859 : région N.-E., planches 1-2. — Le triangle qui a le sommet à l'ancienne barrière d'Italie, les côtés aux boulevards de l'Hôpital et d'Ivry, la base à la Seine, n'a été réuni à Paris qu'en 1818.

I. — L'octroi.

Seine pour mettre fin à ces abus.

Depuis la loi de vendémiaire, les octrois n'ont pas cessé de fonctionner régulièrement à Paris avec des fortunes diverses qui oscillaient au gré des vicissitudes de la prospérité publique. Dans plus d'une circonstance, des théoriciens animés sans doute de fort bonnes intentions ont cherché à détruire ce mode de perception, plus d'une commission législative et extra-parlementaire s'est réunie pour étudier la question, on a dit là contre l'octroi tout ce que l'on pouvait dire, — et ce que l'on dit contre l'octroi, on peut le dire contra n'importe quel impôt ; — mais, lorsqu'il s'est agi d'indiquer comment on remplacerait cette source de la fortune municipale, nulle solution rationnelle n'a été proposée. Les plus hardis ont parlé d'un impôt sur le revenu, sans voir que l'octroi n'est pas autre chose, puisque chacun paie en raison directe de sa propre consommation, c'est-à-dire de la dépense que sa situation personnelle lui permet de faire. C'est là au contraire ce qui rend cet impôt excellent, car il est acquitté le plus ordinairement par l'achat même de la denrée. L'octroi est désagréable et ennuyeux, on doit l'avouer, lorsqu'il contraint un voiturier à faire halte aux barrières, un bateau à s'arrêter pour attendre le canot de la patache, lorsqu'il ouvre les voitures et fait perdre le temps qu'il met à libeller ses papiers ; néanmoins il compense ces inconvénients par tant d'avantages qu'il serait puéril d'y trop insister.

La marche ascendante du produit de l'octroi ne s'est pas arrêtée depuis la création de cette taxe. Au début du consulat, ce produit atteint près de 11 millions, et dès 1805 il dépasse 20 ; il ne s'éloigne guère de ce chiffre pendant tout l'empire, retombe à 18 en 1815, après nos désastres, se relève à 20 en 1816, et s'abaisse de nouveau à 18 en 1817. Cette fois la politique et la guerre n'y sont pour rien ; la récolte avait fait défaut en France, et la disette fut telle à Paris que la ville fut obligée de contracter un emprunt de 33 millions le 16 mai, pour porter secours aux nécessiteux. L'accroissement s'accentue pendant la restauration, dépasse 30 millions en 1825, en 1826, et tombe tout à coup à moins de 20 en 1831 à cause de la révolution de juillet. Il faut reconnaître que les bouleversements violents ne favorisent pas précisément les affaires publiques : au moment où la dynastie d'Orléans va prendre à son tour la route de l'exil, l'octroi de Paris a encaissé 34 millions 1/2 en

Maxime Du Camp

1847, et 1848 ne perçoit que 26 millions 1/2. La période du second empire débute avec 39 millions, et en 1859 arrive à 54. L'année suivante, en 1860, on constate une augmentation de 19 millions ; c'est le plus gros total que l'on eût encore vu : 73,187,156 francs. C'est parce que le décret du 16 juin 1859 a reçu exécution et que la banlieue, comprise dans l'enceinte des fortifications, a été réunie à Paris. Le dernier produit régulier de l'empire est imposant : 107,557,565 francs en 1869. La guerre se déchaîne, 1870 donne encore 80 millions. La commune brûle Paris, 1871 s'affaisse jusqu'à 68 millions 1/2. L'apaisement extérieur se fait, les transactions tendent à reprendre un cours à peu près normal, et le compte d'octroi de 1872 se ferme sur 100,436,630 francs. De 1798 à 1873, le produit de l'octroi a donc augmenté de 100 millions.

Est-ce un chiffre énorme, et faut-il s'en étonner comme d'une merveille, faut-il gémir sur la dureté des temps et crier à l'oppression ? Nullement ; cet accroissement est facile à comprendre, si l'on veut tenir compte des modifications qu'ont subies la population parisienne et la valeur de l'argent. En 1801, la population recensée de Paris est de 545,856 habitants ; aujourd'hui elle est de 1,851,792 individus, y compris la population militaire, qui consomme aussi bien que la population civile. A ce total, il faut ajouter une population flottante d'au moins 200,000 étrangers, qui acquittent les taxes comme les Parisiens, puisque comme eux ils se nourrissent ; 2 millions de personnes concourent donc à former ce budget de recettes qui frappe chacun d'une contribution d'autant plus insignifiante qu'elle est quotidienne et se solde, jusqu'à un certain point, sans que l'on s'en aperçoive.

Les denrées coûtent-elles aujourd'hui plus cher qu'autrefois ? J'en doute ; mais il est certain que les espèces métalliques et la monnaie fiduciaire qui les représente ont singulièrement diminué de valeur. La prodigieuse quantité de métaux précieux jetés sur le monde depuis une trentaine d'années a bouleversé les rapports qui existaient entre la valeur nominale et la valeur réelle ; c'est ce qu'il ne faut jamais perdre de vue lorsque l'on veut aborder ces questions sans parti-pris. Le métal trouve un principe d'avilissement dans l'abondance même ; ce qui nous coûte 10 francs aujourd'hui valait un petit écu il y a soixante ans ; le prix de l'objet n'a pas varié, seulement notre pièce de 10 francs vaut précisément le petit écu de

I. — L'octroi.

nos pères. Ce fait seul suffit à expliquer l'énormité de nos budgets et l'augmentation apparente de nos dépenses. L'hectolitre de vin acquittait en 1790 un droit de 22 fr. 30 cent.[1]; aujourd'hui l'octroi, le trésor, les décimes et doubles décimes le frappent d'une taxe de 22 francs 87 centimes. En réalité, le vin paie aujourd'hui moitié moins qu'au moment où la monarchie allait disparaître. Cela du reste importe fort peu à la partie véreuse de la population, qui fait la fortune des cabaretiers et où se recrutent toutes les insurrections ; le 25 février 1848, je me rappelle avoir vu sur les murs du ministère des affaires étrangères, situé alors au coin du boulevard et de la rue des Capucines, l'inscription suivante : « le peuple ne posera les armes que lorsque le vin sera à quatre sous ! »

L'octroi a résisté à nos révolutions, il a même résisté à la commune ; on peut en augurer qu'il a la vie dure ; aux services qu'il rend, on l'a jugé indispensable. Il est peu connu, son mécanisme à la fois très habile et très simple est presque ignoré en dehors des sphères administratives. Pour la plupart d'entre nous, l'octroi est représenté par un homme vêtu d'une tunique verte à boutons argentés, qui, lorsque nous franchissons le guichet de sortie d'une gare de chemin de fer, ou lorsque nous rentrons à Paris en voiture, nous dit : N'avez-vous rien à déclarer ? Si sa mission consistait en cela, on pourrait l'abolir sans nuire aux finances municipales, car le produit fourni par ce qu'on appelle le voyageur est très minime ; il tire ses vraies et abondantes ressources des perceptions faites aux barrières sur les objets soumis aux droits, de son intervention aux halles, aux gares de marchandises, aux entrepôts du quai Saint-Bernard et de Bercy, aux entrepôts fictifs, aux ports de notre Seine urbaine ; il surveille tous ces points, toutes les portes, toutes les poternes qui donnent entrée à Paris, il rôde sur le chemin militaire qui longe nos fortifications. Il ouvre l'œil et regarde au loin, vers la banlieue, dans l'intérieur de la ville, pour découvrir les fraudeurs sans scrupule ; il est à la fois percepteur et gendarme ; il remplit les coffres de la municipalité et déploie souvent une sagacité extraordinaire, afin d'empêcher que les lois fiscales ne soient violées. Pour être partout à la fois, pour voir et prévoir, pour ne se laisser tromper que le moins possible, pour répondre aux exigences d'un service

---

1 En 1790, le muid de vin de 36 veltes (272 litres) acquittait un droit d'entrée de 60 livres 12 sols 6 deniers.

Maxime Du Camp

qui embrasse la quantité inconcevable d'individus et d'objets dont Paris fourmille, ce n'est pas trop d'un petit corps d'armée, et il suffit à peine aux nécessités de son labeur avec les 2,871 agents du service actif que mettent en mouvement les 124 fonctionnaires et employés de l'administration.

II. — Les recettes de l'octroi.

Le principe d'égalité, sur lequel s'appuient nos institutions, ne fait point faute à l'octroi ; tout le monde y est soumis. Il y a seulement une dérogation courtoise à la loi commune en faveur des membres du corps diplomatique, qui n'acquittent aucune taxe pour les boissons. C'est donc sur la population tout entière que s'exerce l'action de l'octroi, ce qui n'est point une mince affaire, car les objets imposés sont au nombre de 79. Comme la plupart de nos administrations françaises, il est divisé en deux parties distinctes, dont l'une représente la tête et l'autre représente le bras. La première, qui est plus spécialement nommée l'administration, avait son siège autrefois place de l'Hôtel-de-Ville, en face du palais où Paris tenait ses grandes assises municipales. Le bâtiment qu'elle occupait faisait pendant à celui où l'assistance publique s'est réorganisée. Le 26 mai 1871, on badigeonna les murs avec de l'huile de pétrole et l'on alluma. Mis Sur le pavé et réduit à chercher un gîte aux environs du Luxembourg, l'octroi s'est installé, vaille que vaille, dans une maison qui fait l'angle de la rue de Tournon et de la rue Saint-Sulpice. Les bureaux n'ont rien de curieux ; qui a vu un bureau administratif les a vus tous. C'est de là que partent les ordres de service, et c'est là qu'arrivent les rapports envoyés par les employés supérieurs, les chefs de poste et les services ambulants ; le mouvement est perpétuel, le va-et-vient ne s'arrête pas. De même que la Banque de France peut à chaque minute dire ce qu'elle a dans ses caisses en métal, en billets, à l'escompte, en dépôt, de même l'octroi sait combien il vient d'entrer à Paris d'hectolitres de vin, de bouteilles d'eau-de-vie, de bœufs sur pied, de hottes de paille, de pâtés, d'œufs ou de pierres de taille. Il n'a pas de caisse chez lui ; il ne garde que l'argent strictement nécessaire aux besoins journaliers. Au matin, les voitures de la banque font leur tournée aux barrières et ramassent les sommes encaissées la veille. La direction centralise les paperasses, les contrôle et examine si ses ordres ont été exécutés, prend toute décision qu'elle croit utile, et donne l'impulsion à la machine entière ; elle pense ; réfléchit et fait agir les instruments de sa volonté, qui sont les agents dit service actif.

Le Paris de l'octroi est distribué en cinq divisions, une pour chacun des quatre points cardinaux, la cinquième pour l'intérieur, qui comprend la Seine depuis le pont Napoléon jusqu'au viaduc d'Auteuil ; ces cinq divisions sont gardées par 310 postes occupés au point de vue de la surveillance et de la perception, et où le service dure réglementairement pendant vingt-quatre heures ; plus de 2,000 agents sont chaque jour sur pied pour remplir leur mission. C'est aux barrières qu'il faut aller d'abord pour prendre sur le fait le mécanisme de l'octroi. De chaque côté de la grille qui clôt la route ouverte au milieu du massif des fortifications s'élève une construction en pierre de taille, basse, trapue et couverte d'un toit abaissé : c'est le bureau, en terme technique *la roulette*. La maison a beau être en fort appareil et appuyée sur des fondations profondes, elle a gardé le nom d'autrefois lorsque les commis de la ferme-générale se tenaient aux portes de Paris, dans des baraques de bois peintes en rouge, montées sur roues, que l'on transportait facilement d'un point à un autre ; que l'on fermait le soir à l'aide de volets mobiles, que protégeait la présence d'un factionnaire, et qui semblent avoir servi de modèle aux cahutes étroites dont les marchands de vin font encore usage à l'entrepôt du quai Saint-Bernard. L'une de ces roulettes renferme les chambres séparées où le contrôleur et le receveur font leurs écritures, c'est la roulette administrative ; devant l'autre, un râtelier où sont suspendues des sondes et des jauges indique assez qu'elle sert de corps de garde aux préposés da service actif.

Tout individu qui franchit la barrière peut être interrogé ; toute voiture, calèche ou camion, doit être visitée. Autrefois les voitures suspendues, dites voitures de maître, n'étaient point soumises aux investigations de l'octroi ; il naissait de là un abus fort préjudiciable à la ville. On peut admettre que les maîtres se soient fait quelque scrupule d'échapper par la fraude aux taxes municipales ; mais les domestiques remplissaient volontiers les coures de denrées prohibées. D'un autre côté, s'il était interdit aux préposés de visiter ces voitures, il leur était prescrit de les saisir lorsqu'elles faisaient la fraude. Quand les commis avaient acquis la certitude qu'une voiture servait habituellement à l'introduction d'objets taxés, ils se jetaient donc à la tête du cheval et tâchaient de l'arrêter malgré les coups de fouet que le cocher ne se faisait pas faute de leur cingler à travers le visage ; parfois ils étaient renversés, et les roues leur passaient sur le corps. Pour éviter si mauvaise aventure, ils tenaient leur couteau ouvert à là main et coupaient les rênes afin de maîtriser plus facilement l'élan du cheval. La loi du 29 mars 1832 mit fin à ces collisions déplorables en prescrivant que toute voiture, quelle qu'elle fût, serait visitée aux barrières. La visite n'est pas longue : une interrogation, un coup d'œil, et c'est tout.

Il n'en est pas de même lorsqu'une charrette, un haquet, un fardier, un camion chargé d'objets soumis aux droits veut entrer dans Paris. Le conducteur se rend d'abord à la roulette administrative, et, s'adressant aux employés du contrôle que l'on a surnommés les *jaugeurs-mesureurs*, il fait la déclaration de son chargement, bois, vin, alcool, plâtre, viande, ardoises ou vitre, peu importe. Les employés vont sur place jauger ou mesurer ; leur déclaration est inscrite sur un registre et reportée sur un bulletin qui est remis au charretier. Celui-ci traverse le vestibule et donne le bulletin à un des écrivains de la recette, qui fait le compte de la somme exigée par les taxes municipales, par les impôts généraux, par les centimes additionnels ; le total est écrit sur un registre, l'introducteur paie, et, en échange de la somme exigée, est muni d'un reçu qui lui sert de décharge. Ce reçu, il le garde, mais il doit remettre au brigadier commandant la roulette active le bulletin libellé par l'agent du contrôle. Le brigadier désigne alors deux préposés, deux hommes *du pavé*, comme on les nomme, pour visiter la voiture et vérifier le chargement. Si la déclaration est reconnue exacte, le chemin est libre ; si elle est soupçonnée d'être vicieuse, la voiture est déchargée, les sacs, ou les ardoises, ou les vitres, sont comptés ; la viande est pesée, le bois est mesuré, et parfois il y a lieu à procès-verbal. Si la voiture contient des tonneaux de vin, chaque tonneau reçoit un coup de foret, et l'un des préposés goûte le liquide afin de voir s'il ne contient pas plus d'alcool que de raison ; si ce sont des trois-six, on les pèse à l'alcoomètre infaillible de Gay-Lussac. Les opérations de visite sont terminées, la lourde voiture s'ébranle et

II. — Les recettes de l'octroi.

franchit la barrière. Alors le brigadier jette le bulletin des jaugeurs dans une boîte de fer fermée à clé qui est accrochée à la muraille extérieure de la roulette. Donc la jauge reçoit la déclaration, la recette encaisse la somme due, le pavé vérifie la matière. C'est là un excellent contrôle ; mais il ne suffit pas.

Toutes précautions sont prises cependant ; les employés de la déclaration et ceux de la recette sont dans des pièces isolées, ils ne se communiquent point leurs écritures, qui doivent concorder ; deux préposés désignés au hasard par le brigadier examinent le chargement, le brigadier lui-même y donne le coup d'œil rapide et sûr d'un homme qui, comme on le dit vulgairement, a le compas dans l'œil ; mais, toutes les fois qu'il est question de la fortune publique, on ne saurait s'entourer de trop de garanties. Celle que l'administration de l'octroi a imaginée pour déjouer toute tentative de fraude de la part de ses employés est vraiment ingénieuse. Chaque matin, 12 facteurs font le tour de toutes les barrières et de tous les postes. Ils ouvrent la boîte de fer où nous avons vu jeter le bulletin de déclaration, boîte dont eux seuls ont la clé ; ils doivent réunir et attacher d'une corde les papiers qu'ils y trouvent et les renfermer immédiatement dans le sac dont ils sont porteurs. La clé de ce sac est entre les mains du brigadier chef de poste, de plus la boîte est fixée à l'extérieur du bureau, par conséquent sur la voie publique ; le transbordement des bulletins se fait donc sous les yeux mêmes des employés *du pavé* et exige le concours de deux hommes dont chacun est chargé d'une responsabilité spéciale. Les sacs fermés sont transportés au siège de l'administration. Chaque jour, le contrôle envoie à la direction une feuille de service relatant les opérations faites la veille : c'est le compte-matière ; chaque jour aussi la recette expédie le détail des sommes qu'elle a perçues : c'est le compte-finances. Tout article, faut-il le dire ? est muni d'un numéro d'ordre, qu'il soit au petit comptant ou au grand comptant.[1] Il suffit donc de comparer les états du contrôle, ceux de la recette et les bulletins, pour s'assurer que les opérations ont été irréprochables.

Lorsque la marchandise n'est pas destinée à Paris, qu'elle ne fait que traverser, — si, je suppose, elle vient de Vincennes pour être

---

1 On appelle *le petit comptant* les recettes qui, ne dépassant pas 1 franc, n'érigent pas l'emploi du timbre d'acquit.

Maxime Du Camp

transportée à Saint-Cloud,— le conducteur de la voiture fait sa déclaration à la barrière du Trône, acquitte la taxe et part avec un bulletin spécial qu'on appelle un « permis de sortie ; » arrivé à la porte d'Auteuil, il fait vérifier son chargement et rentre dans les droits qu'il a payés ; s'ils ne sont pas trop élevés ; si au contraire ceux-ci dépassent une certaine somme, 50 fr. par exemple, il sera obligé d'aller les reprendre à la recette de la barrière du Trône, où il les a déposés. Ce genre d'opérations est très fréquent et entre pour près d'un tiers dans le total des actes de l'octroi. Malgré la rigidité des prescriptions fiscales, il y a une tolérance qui est fort utile aux pauvres gens et ne fait pas grand mal à nos finances. Il est d'usage qu'on permette aux particuliers d'entrer en franchise des denrées qui peuvent être considérées comme objets de consommation personnelle, à la condition néanmoins que ce soit dans des proportions très restreintes ; l'alcool seul ne profite point de ce bénéfice courtois. On ne tient pas note de ces entrées tolérées ; cependant on a voulu se rendre compte du préjudice qu'elles pouvaient porter à la ville, et un jour on en a fait le relevé. Le 19 mai 1873, on a constaté aux barrières et aux gares de Paris que l'on avait introduit 10 hectolitres 94 de vin, 14 litres de vinaigre, 13 litres 1/2 de bière, 41 litres 1/2 d'huile, 74 kilogrammes 1/2 de viande, 24 kilogrammes 1/2 de beurre, 112 kilogrammes 1/2 d'œufs, 10 stères de cotrets, 15 hectolitres 45 de charbon de bois, et 162 kilogrammes de houille. En admettant que ce soit là une introduction normale et qu'elle se reproduise tous les jours, au bout de l'année elle coûterait à la caisse municipale la somme de 100,457 francs. Ce sont les miettes de la table, et la bonne ville de Paris fait bien de les laisser ramasser.

Les préposés du service actif n'ont pas seulement à garder tous les points par où l'on peut pénétrer dans Paris, ils ont aussi à surveiller l'enceinte des fortifications. Dès que la nuit tombe, on place des vigies à certains endroits déterminés, et l'on envoie des sentinelles ambulantes, qui parcourent la route militaire, montent sur les talus et tâchent d'empêcher toute fraude de se commettre. Pour ces expéditions nocturnes, les hommes *du pavé* sont toujours armés d'un sabre assez inoffensif et dont, hâtons-nous de le dire, ils n'ont jamais à faire usage : des différents postes qu'ils occupent, on les dirige de façon à être rencontrés par les rondes de la roulette

II. — Les recettes de l'octroi.

voisine, afin qu'ils puissent se prêter main-forte en cas de besoin ; à chaque bureau d'octroi devant lequel ils passent, ils doivent entrer et signer sur un registre ; en regard de leur nom, le brigadier inscrit l'heure exacte. Ces noms et l'indication du moment précis sont transmis sur les feuilles de service quotidiennes expédiées par chaque poste de l'administration, qui, en les comparant les unes aux autres, reconnaît si la tournée a été faite dans un laps de temps convenable. On n'a que bien peu de contraventions à relever ; l'employé de l'octroi est en général très soumis, très régulier ; sa situation n'est pas mauvaise, et il y tient. Au premier signe de son brigadier, il boucle le ceinturon de son sabre ; s'il fait froid ou s'il pleut, il revêt une sorte de longue capote en très mauvais drap que l'on nomme une *criméenne* ; il jette peut-être un regard d'envie sur ses camarades assis autour du poêle, mais il part sans murmurer et commence sa ronde. Lentement, comme un homme accoutumé à cette besogne mélancolique, il va le long des remparts, marchant dans la zone d'ombre qui le dissimule, s'arrêtant parfois à un angle afin d'embrasser du regard toute l'étendue de la route, sifflotant entre ses dents et échangeant un *bonsoir, rien de nouveau ?* avec la sentinelle qu'il rencontre. Il est entré dans tous les postes ouverts sur son parcours, il revient à sa roulette, fait son rapport en deux mots, se couche sur son petit lit de camp et s'endort jusqu'à ce qu'on le réveille pour aller visiter les voitures maraîchères qui commencent à défiler vers les halles.

A l'octroi de rivière, les vigies sont de véritables factionnaires : en amont de la Seine, au-delà du pont Napoléon, où les *mouches* ont leur gare, une forte patache est amarrée près du quai de la rive droite. Elle est la gardienne du fleuve, qu'elle fait surveiller, quand la nuit vient, par trois vigies ; l'une est placée à l'arrière même de ce poste aquatique, la seconde est sur la rive droite, la troisième sur la rive gauche. Pour s'avertir et prouver qu'ils ne dorment pas, les préposés appellent les heures, les demies, et doivent se répondre ; cela rappelle le cri des matelots en mer : *bonsoir à bâbord ! — bonsoir à tribord ! — ouvre l'œil au bossoir !* — Par un ciel brumeux noyant le vague scintillement des becs de gaz, à travers le clapotement de l'eau et les bourrasques de vent engouffrées sous les arches du pont, on éprouve une impression assez lugubre lorsque l'on entend ces voix pousser une sorte de plainte prolongée et traînante, — *demi-*

heure ! — qui affirme leur vigilance. A la patache, on ne fait qu'une vérification sommaire ; un bateau, — fruits, bois ou charbon, — se présente, deux préposés montent en canot et vont le reconnaître, ils acceptent la déclaration, en donnent bulletin, elle sera constatée au point de débarquement où les opérations régulières auront lieu. Pour conduire son canot, la patache a un marinier qui mérite d'être présenté au lecteur : c'est un gars solide et bien râblé, des épaules d'Atlas, un bras d'Hercule, un visage d'une extrême douceur ; il est jeune et porte allègrement la vareuse du marin. Il passe son temps à repêcher les noyés ; il a tant de médailles d'argent, tant de médailles d'or, que, ne sachant plus que lui offrir pour récompenser sa belle conduite au combat de Buzenval, on lui a donné la croix de la Légion d'honneur, et l'on a bien fait. La patache est très fière de son marinier, et elle n'est pas éloignée de croire que c'est elle-même que l'on a décorée.

La marchandise d'eau, comme disaient nos pères au temps où Lutèce commençait à devenir Paris, jouit, pour les bois et les charbons, d'un privilège que n'ont point les articles passant aux barrières et qui sont considérés comme objets de consommation ou d'utilisation immédiate. On admet que les bois et les charbons ne doivent acquitter les taxes qu'au bout d'un temps moyen calculé de façon que la vente soit effectuée. Les opérations de contrôle ne diffèrent pas de celles dont j'ai parlé ; seulement, au lieu de payer à la recette la somme qui est due, le négociant prend livraison de la marchandise en échange d'un billet à ordre, à six mois, portant deux avals de garantie. Pendant les six mois stipulés, le billet dort dans les caisses de l'octroi, qui fait directement toucher à l'échéance. La rivière avec son affluent, le canal Saint-Martin, entre1 pour une part imposante dans les revenus de la ville ; en 1872, elle lui a rapporté 8,775,587 francs ; à sa façon, la Seine est un Pactole.

Le marché aux bestiaux de La Villette, qui a définitivement pris la place des marchés de Sceaux et de Poissy, n'exige qu'une surveillance attentive, car depuis le 1er janvier 1847 le droit fixe par tête de bétail a été converti en une taxe sur la viande provenant des animaux qui sortent des abattoirs. Si l'on n'y fait point d'opérations directes, on n'en est pas moins fort occupé, car il faut compter les longs troupeaux destinés à notre nourriture, et qu'on force à défiler lentement par les méandres d'un chemin serti de barrières en bois.

II. — Les recettes de l'octroi.

Le beuglement des bœufs, le bêlement des moutons, le grognement suraigu des porcs, les abois des chiens de berger, font un charivari d'enfer, et les pauvres employés ont souvent bien de la peine à ne point perdre le fil de leur numération. Des chiffres montreront sur quelle masse énorme de bestiaux leur sagacité doit s'exercer. En 1872, les grilles du marché de La Villette ont été franchies par 160,414 bœufs, 47,986 vaches, 160,455 veaux, 1,356,008 moutons, 154,800 porcs, au total 1,979,464 animaux. On les a comptés un à un lorsqu'ils ont pénétré dans les vastes préaux, on les a comptés lorsqu'ils sont sortis des étables municipales pour être conduits à l'abattoir central, qui communique maintenant avec le marché par un pont jeté sur le canal. Mis à mort, dépecés, parés, prêts à être vendus au détail sur les étaux, ces 2 millions d'animaux ont produit 95,808,050 kilogrammes de viande, et 16,228,509 kilogrammes d'abats et d'issues de toute espèce. Les droits sont en proportion avec cette gigantesque consommation ; les abattoirs ont, en 1872, versé à l'octroi la somme de 10,769,288 fr. Est-ce donc là tout ce que Paris absorbe annuellement de nourriture animale ? Non pas, il faut y ajouter la viande, les abats, les issues, la charcuterie, importés directement de l'extérieur et acquittant les droits d'entrée soit aux Barrières, soit aux pavillons des halles ; ce genre d'introduction, qu'on appelle *la viande à la main*, a été représenté en 1872 par 25,229,048 kilogrammes, qui ont produit 3,082,835 francs.

La perception à la sortie des abattoirs est spéciale ; elle n'a lieu que tous les huit jours, le samedi ; comme aux marchands de bois, on donne aux bouchers le temps d'écouler leur marchandise avant de leur réclamer la taxe : cela se nomme le « crédit sous caution. » Les voitures qui font le service des abattoirs aux étaux sont tarées, c'est-à-dire qu'elles ont été pesées ; le poids exact inscrit sur un registre est reproduit en lettres peintes à une place très apparente du véhicule. Dès lors le mécanisme est fort simple : la voiture chargée passe sur une bascule, la différence entre la tare constatée et le poids actuel est égale à la quantité de viandes exportée des abattoirs. Quelquefois il y a discussion entre les préposés et les bouchers ; le chargement est alors versé sur une balance surveillée par les agents du poids public : c'est un instrument précis dont les décisions ont force de loi.

La viande de toute espèce est donc un des bons produits de

l'octroi ; mais la ressource par excellence, c'est le vin, qui en 1872 a donné 43,078,185 francs à la ville de Paris, car on y a entré et consommé 3,900,527 hectolitres de toutes provenances, venus en cercles et en bouteilles.[1] Aussi les entrepôts sont surveillés avec un soin jaloux : c'est le trésor ; sous forme de préposés, des dragons le gardent jour et nuit. Celui du quai Saint-Bernard est disposé de telle sorte que la fraude y est presque impossible ; l'isolement du lieu, des grilles, de hautes murailles le défendent ; il n'a que trois portes battantes : l'une, l'entrée, par où l'on introduit « la marchandise, » — l'autre, la porte de Paris, qui donne issue aux tonneaux destinés à la ville, — la troisième, l'extérieure, par où sortent les vins réservés à la province. Là, tout est combiné pour faciliter le travail des employés. Je n'en dirai pas autant de l'entrepôt ouvert, — c'est le vrai mot, — à Bercy depuis le 1er janvier 1870. On l'eût imaginé pour rendre le contrôle illusoire et pour inviter aux fraudes impunies, on n'aurait pas mieux réussi. C'est l'ancien village tout entier, depuis le pont qui s'élève au bout du quai de la Râpée, jusqu'au pont Napoléon ; onze rues aboutissent à la rue de Bercy, neuf débouchent sur le port. Il faut avoir les yeux bien ouverts ; mais les maisons ne sont séparées que par des murs mitoyens, et il suffit de deux coups de pioche pour les faire communiquer entre elles ; c'est en réalité une suite de cours qui forment une série de petits entrepôts distincts, ce n'est point un entrepôt. Bans une de ces rues, la plus importante peut-être, car elle abrite des caves nombreuses et bien fournies, un restaurant a une porte toujours ouverte, servitude que l'on est obligé de subir et que l'on neutralise autant que possible en mettant un préposé de planton devant cette issue, par laquelle il est si commode d'établir un va-et-vient de bouteilles pleines. il serait temps de remédier à cela ; la somme que l'on emploierait à installer un entrepôt réel et sérieux sur ces terrains morcelés par des propriétés particulières ne serait point un placement désavantageux, tant s'en faut ; elle rendrait de gros intérêts en mettant fin à des fraudés trop tentantes pour n'être pas inévitables.

J'en aurais fini avec les diverses opérations de l'octroi, si depuis le 1erjanvier 1860 on n'avait autorisé, dans l'intérieur de Paris, ce que

1 Le vin en bouteilles n'entre dans le total que pour la proportion minime de 48,376 hectolitres.

II. — Les recettes de l'octroi.

l'on nomme administrativement les entrepôts fictifs ou les entrepôts à domicile. Lorsque le décret d'annexion eut rattaché la banlieue à la ville-mère, on se trouva en présence d'une difficulté grave qui fut libéralement résolue. Beaucoup d'industriels, ayant une partie de leurs débouchés et de leurs intérêts à Paris et voulant éviter de payer les taxes d'entrée dont les matériaux qu'ils employaient sont chargés, s'étaient fixés entre le mur d'enceinte et les fortifications ; l'annexion, les reliant à la ville, les mettait sous le droit commun et abolissait, à leur grand préjudice, la franchise sur laquelle ils avaient eu droit de compter. Il y avait là des situations acquises respectables, de plus un intérêt majeur pour la population ouvrière, enfin une considération de premier ordre dont il convenait de tenir compte. Si vaste, si absorbant que soit le marché de Paris, il ne suffit pas à l'écoulement des objets fabriqués dans les usines dont je parle ; l'expédition en province entrait pour une part très notable dans leurs opérations régulières. Il était donc juste, pour ne pas les déplacer, pour compenser la réexportation des matières fabriquées à l'aide des matières premières taxées, d'autoriser les commerçants en gros et les usiniers de la zone suburbaine à introduire les quantités de houilles et de matériaux dont ils avaient besoin pour continuer à exercer leur industrie. C'est ce que l'on a fait. La loi du 16 juin 1859 et le décret d'administration publique rendu le 19 décembre de la même année ont déterminé dans quelles conditions l'octroi agirait à l'égard de ces divers industriels. Les négociants en gros des communes annexées jouirent pendant dix ans, à compter du 1er janvier 1860, de la faculté d'entrer en franchise les articles qui leur étaient nécessaires et d'avoir un entrepôt à leur domicile ; ces articles acquittaient les droits fixés, s'ils étaient introduits dans Paris ; ils ne les acquittaient pas, s'ils étaient dirigés vers la province ou l'étranger. Les usiniers des mêmes communes étaient affranchis pendant sept années des droits de Paris sur la houille servant aux usages industriels et sur les matières premières employées à la fabrication de leurs produits. C'étaient là de très précieux privilèges ; la loi prévoit qu'ils pourront être continués, mais sous la réserve expresse que dans ce cas ils seront étendus à tout Paris.

Les choses marchèrent régulièrement ainsi jusqu'en 1867 ; à cette époque, les usiniers élevèrent la prétention d'être assimilés aux commerçants en gros et de jouir, pendant trois ans encore,

Maxime Du Camp

de l'immunité qui leur avait été concédée. Un procès s'ensuivit qui fut gagné haut la main par l'administration de l'octroi. La ville, ayant fait ainsi juridiquement constater son bon droit, se montra généreuse ; une délibération du conseil municipal en date du 20 décembre 1867 accorda courtoisement aux usiniers une réduction d'environ moitié sur les taxes dont les combustibles étaient frappés. On attendait une loi promise et destinée à mettre fin à un provisoire qui créait une situation irrégulière ; mais des difficultés soulevées par les usiniers eux-mêmes la firent ajourner, et cette question très délicate, propre à faire naître des discussions fréquentes, fut réglée par un arrêté préfectoral du 3 février 1870 ; l'entrée en franchise du combustible et des matières premières était accordée aux usiniers. C'était imposer un surcroît de travail excessif à l'octroi, qui l'accepta sans se plaindre. En effet, il fallait, pour sauvegarder les intérêts financiers de la ville, constater l'entrée de la houille et des matériaux, constater dans quelle proportion le combustible avait servi à la fabrication d'objets réservés à l'importation dans Paris et à l'exportation en province, taxer les uns, affranchir les autres, surveiller sans témoigner de méfiance, reconnaître les matières premières dans les matières modifiées, et apprécier presque scientifiquement le rapport qui existe entre le combustible employé et la quantité de produits obtenus. L'octroi vint à bout de résoudre ces différents problèmes, mais on ne peut imaginer à quel labeur il fut soumis pour tenir avec une régularité irréprochable une telle masse décomptes minutieux, compliqués et nominatifs, dont chacun pouvait donner lieu à une contestation.

Ces comptes, qui étaient une fortune, car ils faisaient foi et prouvaient quelle somme les personnes jouissant de la faculté d'entrepôts fictifs devaient à la ville, furent détruits dans les incendies du mois de mai 1871. Les bureaux administratifs de l'octroi, l'Hôtel de Ville, le ministère des finances, ayant été brûlés, nulle trace ne subsistait ; on se trouvait en face du chaos, on sut le débrouiller. Plusieurs grands fabricants dont l'octroi était créancier vinrent eux-mêmes offrir le paiement immédiat de leurs dettes ; d'autres, comme l'on dit, se firent un peu tirer l'oreille ; quelques-uns, spéculant sur l'anéantissement de tous les registres de l'administration centrale, osèrent-ils répondre : Je ne vous dois rien, car il n'y a rien d'écrit ? Je ne me permettrais pas de

II. — Les recettes de l'octroi.

l'affirmer ; j'ai entendu raconter quelques histoires de cette nature, mais ma mémoire infidèle n'en a point conservé le détail. — Il fallait, coûte que coûte, rétablir ces comptes ; une délibération du conseil municipal, du 30 mars et du 23 juillet 1872, donna une base positive de travail de reconstitution ; il fut admis que l'on aurait égard aux événements qui avaient si lourdement pesé sur l'industrie parisienne pendant les années 1870, 1871, et que l'on ne réclamerait aux usiniers que douze mois d'arriéré au lieu de vingt-quatre. L'octroi se mit à l'œuvre ; c'était une besogne spéciale qui exigeait des connaissances appropriées, on ne put donc pas s'adjoindre d'employés supplémentaires ; de plus les opérations de chaque jour, — ce que l'on nomme le courant, — ne pouvaient pas chômer ; tout le monde s'y consacra avec un zèle admirable ; jour et nuit, on fut au devoir, et, je le dis à la louange de l'octroi, nul ne fit défaut à la tâche imposée. Tous les registres, — ils sont au nombre de 35 dans chaque roulette, — de tous les postes de Paris qui, eux du moins, n'avaient point été détruits, furent compulsés ; on y releva les entrées quotidiennes inscrites au nom des entrepositaires depuis le 1er janvier 1870 jusqu'au 17 mars 1871 ; on refit ainsi bribe à bribe, bulletin par bulletin, toute cette comptabilité que les flammes de la commune avaient dévorée. Chaque compte nominatif fut reconstitué, fut collationné avec les livres de l'industriel auquel il appartenait, fut reconnu exact, au grand étonnement de quelques-uns, et devint preuve irrécusable des créances de la ville. Or ces comptes réunis produisaient une somme de 7,500,000 francs sur laquelle plus de 7 millions sont encaissés aujourd'hui ; 400,000 francs seront rentrés avant peu, et de cette créance, qui paraissait si douteuse que l'on aurait pu la croire compromise à jamais, il ne résulte que quelques difficultés relatives à une centaine de mille francs sur lesquels on saura certainement mettre la main. C'est là un tour de force qui fait le plus grand honneur à l'administration de l'octroi, car on n'a pu l'obtenir qu'en déployant une énergie, une sagacité et un dévouement sans pareil.

Le système qui a prévalu pour les gros commerçants et les usiniers depuis le 1er janvier 1860 a pris fin aujourd'hui ; un décret du 10 janvier 1873 a résolu la question en établissant un mode de compensation et d'abonnement fixe, variant de 200 à 500 francs, qui fonctionne depuis le 21 août 1873. L'expérience prolongée

Maxime Du Camp

peut seule permettre de porter un jugement sérieux en semblable matière, nous devons donc nous abstenir de toute appréciation ; mais dès à présent on peut dire que l'octroi n'aura pas à y gagner. On a eu pour but de protéger l'industrie parisienne, si cruellement éprouvée depuis quelque temps, et l'on n'a pas eu tort. N'est pas admis qui veut aux bénéfices de l'entrepôt à domicile ; il faut offrir quelque surface, et n'être point le premier venu. L'administration de l'octroi a sagement imposé des conditions qui mettent sa responsabilité à l'abri. Elle a fixé un minimum pour l'introduction des combustibles et des matières à fabriquer ; en outre le minimum de la réexportation doit être des deux cinquièmes ; grâce à ces dispositions très conciliantes, 1,313 chefs d'établissements n'ont pas été forcés d'aller chercher fortune ailleurs. Par cette tolérance, l'octroi profite de la présence des ouvriers et des chevaux que l'organisation des entrepôts fictifs permet de maintenir à Paris. Un très intéressant calcul a été fait à cet égard. En divisant le total de la population de Paris par le produit de l'octroi, on voit que chaque habitant paie dans l'espace d'une année la somme de 57 fr. 29 centimes. Or les 1,313 usiniers entrepositaires occupent actuellement 64,003 employés, ouvriers ou gens de peine ; c'est donc un groupe de 65,316 individus qu'il faut nourrir, et qui par ce fait acquittent chaque jour les taxes des denrées alimentaires. Ce calcul est encore bien au-dessous de la réalité : en effet, la moyenne de la famille bourgeoise à Paris est de quatre personnes, celle de la famille ouvrière est de trois ; en tenant compte de cette proportion, nous arrivons au chiffre de 197,261, dont l'apport direct à l'octroi est de 11,301,082 fr., auxquels il convient d'ajouter 207,636 fr. représentant les taxes afférentes à la nourriture de 2,895 chevaux qui font le service dans ces usines ; c'est donc 11 millions 1/2 que les entrepôts fictifs versent indirectement à l'octroi.

Toutes les opérations que j'ai rapidement énumérées forment un total considérable, car en 1872 l'octroi a manipulé 5,962,927 articles qui ont chacun exigé un acte du contrôle et un acte de là recette ; la perception définitive a été de 150,939,848 francs, dont 50,503,155 francs pour le trésor ; le reste a servi aux besoins de la ville. L'octroi rapporte d'autant plus que la prospérité de la cité est plus grande ; il n'est pas nécessaire dans ce cas de forcer les taxes et de surcharger les denrées, l'argent vient de lui-même et n'exige pas

II. — Les recettes de l'octroi.

qu'on aille le chercher. Le fait seul du temps d'arrêt que subissent les améliorations de Paris est très préjudiciable à nos finances : avant qu'un locataire ait pu prendre possession d'un appartement dans une maison nouvellement construite, celle-ci a déjà rapporté 5 pour 100 de sa valeur à l'octroi (exactement 4,915 fr. 22 cent, pour une bâtisse de 100,000 fr.). Ceci est à considérer, et la ville, dans l'intérêt même de ses propres ressources, fera peut-être bien de reprendre quelques-uns des travaux interrompus depuis les premiers mois de 1870. On s'est plaint jadis que l'on en faisait trop, on se plaint aujourd'hui que l'on n'en fait plus du tout ; entre ces deux extrêmes, il semble que l'on pourrait déterminer une moyenne raisonnable.

L'épithète d'*actif* appliquée au personnel le plus nombreux de l'octroi est très méritée, car l'action y est incessante. On ne se doute guère de la quantité extraordinaire de voitures de toute sorte qui, passant aux barrières, nécessitent son intervention. Pour satisfaire la curiosité du lecteur, j'ai fait relever le nombre des voitures, des trains de chemin de fer, des bateaux soumis à la visite des préposés, qui ont pénétré à Paris du 6 au 7 janvier dernier pendant l'espace de vingt-quatre heures ; 468 trains sont entrés en gare, 128 bateaux ont eu affaire aux employés de la patache, 5,989 voitures munies de passe-debout ont exigé des formalités de sortie, et 32,354 voitures entrant se sont arrêtées devant les roulettes : 38,949 visites en une seule journée ! — Ce personnel est bon ; il est généralement trié avec soin parmi les sous-officiers de l'armée : aussi, façonné dès longtemps à la discipline, il ne laisse rien à désirer sous ce rapport. Quelques déclassés sont venus échouer à la roulette des barrières, et, la sonde à la main, ont recommencé un nouvel apprentissage de la vie. J'ai vu là des étudiants pour qui les examens n'avaient pas été miséricordieux, des clercs d'huissier qui ne trouvaient point de charme au papier timbré. Sous l'uniforme vert, ils n'ont point mauvaise tournure, et, comme dans l'administration tout grade, toute situation même est accessible à ceux qui montrent du bon vouloir et font preuve d'intelligence, ils pourront arriver aux premiers postes, si la chance ne leur est pas trop contraire. On a gardé souvenir, parmi les hommes du pavé, d'un préposé de troisième classe qui fit parler de lui jadis. Il était neveu d'un maréchal de France, et de fredaine en fredaine il était arrivé à

Maxime Du Camp

bout de voie ; l'octroi le ramassa, eut pour lui des indulgences de grand'mère, et finit cependant par s'en séparer, car le mauvais exemple devenait contagieux. Il dégustait le vin jusqu'à la lie, et, sous prétexte de mieux compter les œufs frais, il les mettait dans ses poches ; il quittait la roulette pour aller surveiller les fraudeurs dans les bals de barrières, et, afin d'être moins reconnu par eux, il s'habillait en polichinelle quand venait le carnaval. Malgré le très beau nom qu'il portait, on le pria d'aller jauger ailleurs ; il se le tint pour dit, traversa les mers comme matelot, et entra en qualité de garçon chez un de mes anciens camarades de collège qui après être sorti de l'École polytechnique, s'est fait épicier en Californie.

Pendant la guerre, les employés de l'octroi n'ont point failli au devoir ; il n'y a pas eu besoin de contrainte, les volontaires seuls ont formé le 226e bataillon, qui a fourni trois compagnies de marche ; ils se sont bravement battus, les Allemands placés aux avant-postes de la Marne en ont su quelque chose. Tous n'avaient pas repris le fusil et n'étaient point au combat ; les barrières étaient plus que fermées, qui ne le sait ? mais leur concours n'en était pas moins indispensable, car il fallait surveiller les quatre-vingt-cinq entrepôts où l'on avait entassé des approvisionnements qui ont prolongé la défense sans la rendre plus efficace, et les trente-six usines particulières où l'on faisait la mouture des grains. Leur dévouement a été exemplaire, nulle fatigue ne les a rebutés ; le ministre de l'agriculture, et du commerce a écrit plusieurs fois au directeur de l'octroi pour le féliciter du personnel qu'il avait mis à sa disposition. Ils ont le cœur bon et compatissant comme la plupart des vieux troupiers, qui, ayant souffert et ayant vu souffrir, savent venir en aide aux malheureux. Il ne se passe pas de mois sans que les employés ne fassent entre eux une collecte pour secourir la veuve, l'enfant, le père d'un camarade mort. J'ai plusieurs de ces listes de souscription sous les yeux : 10 centimes, — 20 centimes,— les plus riches en donnent cinquante ; mais nul ne refuse, chacun apporte son obole, et le total arrive toujours à un chiffre de 800 à 900 francs.

L'administration, qui est fort économe et qui, en parvenant à faire ses énormes perceptions avec 5,80 pour 100 de frais, donne un exemple qu'on n'imite pas assez, ne regarde jamais à délier les cordons dé sa bourse dès qu'il s'agit de soulager ses agents

II. — Les recettes de l'octroi.

dénués, ou de récompenser leurs actes de dévouement. La caisse de retraite reçoit de grosses sommes tous les ans, — 544,792 francs en 1873, — et les hommes ; de peine ou leurs veuves ne sont pas plus oubliés que les autres employés. La direction est fort paternelle ; elle ne punit jamais sans avoir préalablement averti, et, lorsqu'elle se décide, à sévir, elle ne le fait qu'après avoir interrogé les coupables. Tous les jeudis, la commission se réunit sous la présidence du directeur ; les régisseurs sont près de lui, ainsi que le chef du personnel, le secrétaire et les, inspecteurs. Les rapports des inspecteurs relatant les infractions au règlement reprochées aux employés et proposant la punition encourue sont réunis entre les mains du président, ainsi que le dossier spécial de chaque incriminé. Les délinquants sont dans une salle voisine assez penauds et l'oreille basse, car c'est toujours pour eux une rude émotion d'affronter l'interrogatoire et peut-être les reproches du directeur lui-même. Un rapport est lu ; le dossier de celui qui en est l'objet est consulté : que disent les notes sur la moralité, l'instruction, l'esprit de discipline, la santé, le caractère ? On fait entrer le coupable ; il salue tout le monde, tourne son képi entre ses doigts, tousse volontiers, et ne sait sur quelle jambe s'appuyer. J'ai assisté à l'une de ces séances ; sauf une affaire spéciale qui n'était pas un acte d'octroi, les griefs que l'on peut reprocher à ces pauvres diables sont bien minimes : aussi les punitions ne sont pas graves, — un jour de retenue des appointements, deux jours après récidive ; mais, comme le produit de ces amendes est réservé à la caisse de retraite, c'est, toujours l'employé qui finit par en profiter. En résumé, d'une part je n'ai vu que des peccadilles, et de l'autre j'ai reconnu une sérieuse indulgence mêlée à un grand esprit de justice. Les préposés redoutent beaucoup d'être appelés devant la commission : c'est le conseil de guerre, disent-ils ; ils se trompent, c'est le conseil de famille.

III. — Les fraudes.

L'histoire naturelle nous apprend que chaque animal a un parasite qui vit de lui et se nourrit de sa substance ; au cours de ces études, nous avons vu qu'il en est de même pour les administrations : chacune d'elles a un ennemi particulier. La Banque de France a *le*

Maxime Du Camp

toupinier ; l'assistance publique a le faux indigent ; le Mont-de-Piété a le *chineur* ; l'octroi n'échappe point à cette loi commune, il a son adversaire spécial qui est le fraudeur. Il n'a heureusement rien de commun avec son grand parent le contrebandier : celui-ci fait volontiers le coup de feu, marche en troupe et ne se gêne pas pour jeter le douanier au ravin ou à la mer. Le fraudeur est moins dramatique ; comme Panurge, « il n'aime pas les coups, lesquels il craint naturellement, » et pour éviter d'en recevoir il n'en donne jamais. Il est humble d'allure, d'aspect tranquille : à le voir, on lui donnerait le bon Dieu sans confession ; mais il ne faut pas s'y fier : s'il n'a ni le courage ni l'audace, il a la ruse et la persistance. A ce point de vue, il est dangereux ; une filouterie permanente est plus préjudiciable qu'un seul vol avec effraction. Réprimer la fraude, découvrir les fraudeurs, dérouter leurs machinations, lutter d'imagination, de patience avec eux et s'en rendre maître, c'est pour l'octroi un intérêt de premier ordre.

Un service spécial, le contrôle-général,, est particulièrement chargé de cette surveillance ; il est composé d'un peloton d'élite choisi homme à homme parmi les préposés les plus intelligents, les plus actifs et les plus sagaces. Trente-trois employés commandés par un inspecteur pour tenir en respect tousses fraudeurs qui pullulent à Paris, c'est bien peu, et ce n'est pas tout ce que ces braves gens ont à faire : ils ont à s'occuper de l'octroi de banlieue, du marché aux bestiaux ; ils ont à regarder du côté des carrières, c'est-à-dire des catacombes qui ont des issues hors de l'enceinte ; ils ont à s'assurer si tout marche à souhait dans les différents postes. Quinze employés sont constamment sur pied pour ces différents services : il n'en reste que dix-huit réservés à la constatation des fraudes ; c'est le bataillon sacré. Il leur importe avant tout de n'être point remarqués, ils ne revêtent donc jamais d'uniforme et changent souvent de costume ; ils n'ignorent aucun des coins mystérieux de Paris et connaissent tous les détours de la banlieue. Ils sont sceptiques et ne se fient guère aux apparences. Lorsqu'ils voient dans une gare de marchandises deux énormes blocs de granit arrivant de Suisse, ils comprennent qu'un Parisien les a fait venir à grands frais pour quelque construction future ; cependant ils tournent autour, remarquent une dépression de forme singulière, y regardent de plus près, y découvrent la tête d'un boulon qu'ils

III. — Les fraudes.

dévissent avec précaution, et s'aperçoivent sans étonnement que ces deux rochers sont creux à l'intérieur et renferment pour plusieurs milliers de francs de contrebande. Il n'y a pas très longtemps que le fait s'est passé.

Ce service est assez récent et ne date que de 1824, quoiqu'on ait tenté de l'organiser déjà vers 1814 ; il a reçu une nouvelle impulsion à partir du 1er février 1871, et il fonctionne maintenant avec une activité extraordinaire ; comme la surveillance indispensable embrasse en réalité Paris et tout le département de la Seine, les employés ont fort à faire pour n'être pas débordés, d'autant plus qu'il y va de leur honneur et de la responsabilité de l'administration de n'agir jamais qu'à coup sûr ; la fraude est comme l'occasion, Il faut la saisir aux cheveux, sans cela elle échappe. Aussi sont-ils très prudents, et il y a des affaires qu'ils ont suivies pendant plus d'une année avant de pouvoir avec certitude constater le flagrant délit. La grande fraude se faisait autrefois par galeries souterraines ; dans quelques rapports échappés, on ne sait comme, aux incendies de 1871, je lis qu'au mois de janvier 1816 on découvrit deux souterrains à la barrière de la Santé et à celle des Bonshommes ; l'affaire était importante sans doute, car elle valut une gratification de 1,500 francs aux employés qui avaient éventé la mèche. Aujourd'hui comment traverser le massif des fortifications et les profondes fondations en pierres meulières ? Tout au plus pourrait-on, à l'aide d'une corde, hisser un baril préalablement déposé dans le fossé, mais on y court de tels risques qu'il est fort probable que ce moyen de fraude n'est guère utilisé. Tous les efforts de la fraude paraissent être concentrés à cette heure sur une seule denrée, sur l'alcool ; cet article est en effet écrasé par des droits d'entrée et des taxes d'octroi qui peuvent paraître excessifs, mais qui ont leur raison d'être. La loi du 26 décembre 1871, qui accable les eaux-de-vie, les liqueurs, a le caractère d'une loi de salut public ; elle a un côté financier qui n'est pas sans importance, cependant le but qu'elle poursuit sans l'atteindre est évidemment moral. L'assemblée de Versailles, émue des résultats que le mode de gouvernement adopté par la défense nationale avait eus sur la population urbaine, reconnaissant que ces résultats avaient été singulièrement aggravés par l'orgie permanente qui avait régné pendant les deux mois de la commune, voulut réagir avec violence ; elle frappa les alcools

Maxime Du Camp

d'un impôt qui en représente quatre fois la valeur, soit 400 pour 100. Ainsi 1 hectolitre d'alcool qui, pris en fabrique, coûte 80 ou 85 francs, ne franchit la barrière qu'après avoir acquitté le droit du trésor, qui est de 199 francs, la taxe d'octroi, qui est de 66 francs 50 cent., plus le double décime et le demi-décime ; il paie au total 328 francs 55 cent. Certes un tel impôt est léonin, et l'on pourrait croire que l'industrie qu'il atteint en reste anéantie à jamais. Erreur ! il faut aller au fond des choses, cela en vaut la peine.

Ce que l'assemblée nationale a surtout visé, c'est l'absinthe. Or voici un calcul puisé aux sources les plus sûres : l'hectolitre d'absinthe acheté en province coûte 105 francs, le transport jusqu'à Paris 5 francs, le droit 328 fr. 55 cent. ; total, 438 fr. 55 cent., ce qui met le litre à 4 fr. 40 cent., chiffre rond entre les mains du marchand en gros, qui le revend 6 francs au marchand en détail* Un litre mesuré à l'éprouvette contient précisément 47 petits verres. Dans les cabarets, le petit verre d'absinthe coûte 4 sous ; dans les cafés élégants du boulevard, 8 sous ; donc le litre est vendu 9 fr. 40 par les uns, 18 fr. 80 par les autres : 50 pour 100 de bénéfice aux premiers, 200 pour 100 aux seconds. Le bourgeois gentilhomme méprisait le commerce, il avait tort. Il y a aujourd'hui à Paris vingt-cinq mille établissements où l'on débite de l'absinthe ; on y boit au moins un demi-litre par jour, 4,575,000 litres dans l'année. Produit financier, un gain scandaleux pour les cabaretiers, cafetiers et autres industriels ; — produit moral, abrutissement, violence, folie pour la population.[1]

Le résultat de la surtaxe sur les alcools s'est immédiatement fait sentir : l'apport a diminué dans des proportions extraordinaires ; en 1871, 168,587 hectolitres entrent à Paris, qui n'en reçoit que 60,148 en 1872. Toutefois une sorte de compensation, — très faible

---

1 Je ne parle ici que de l'absinthe venue de province ; pour éviter de payer les droits, on la fabrique aujourd'hui à Paris en quantité considérable ; l'hectolitre n'en revient, — toutes taxes acquittées, — qu'à 291 francs, soit 2 fr. 91 cent., le litre ; dans ce cas, qui est presque général, le bénéfice du débitant dépasse toute mesure. L'action directe de l'absinthe sur le système cérébro-spinal est aujourd'hui démontrée. Les belles expériences que M. Magnan, médecin à l'asile Sainte-Anne, a faites en présence de M. Claude Bernard semblent concluantes. L'alcool injecté dans un chien donne à celui-ci un accès de stupeur et une ivresse caractérisée qui n'a qu'une durée relative ; l'essence aqueuse d'absinthe, administrée de la môme façon, produit chez l'animal des convulsions graves et amène des attaques d'épilepsie spontanée.

III. — Les fraudes.

à la vérité, — s'établit instantanément, et dénonce la fraude : 6,714 hectolitres d'alcool dénaturé de première classe sont inscrits en 1872, et les relevés d'octroi n'en accusent que 1,525 en 1871. Or l'alcool dénaturé, c'est-à-dire l'alcool qui contient trois ou quatre dixièmes d'huile essentielle, térébenthine, vernis, méthylène (esprit de bois), n'est frappé que d'un droit de 7 francs par hectolitre, car on admet qu'il ne peut être employé qu'à des usages exclusivement industriels ; mais le diable est bien malin lorsque l'intérêt des commerçants est en jeu. Quelques gouttes d'eau dans une barrique d'alcool dénaturé font remonter l'huile essentielle à la surface, on écrème ou, pour mieux dire, on écume, et la liqueur corrosive qui reste au fond du tonneau, désinfectée tant bien que mal, devient du bitter, de l'absinthe, du genièvre. Et voilà comment on introduit des liqueurs dans Paris pour 7 francs au lieu de 328 fr. 55 cent. Les efforts pour frauder l'octroi et le trésor sont incessants ; rien de plus triste qu'une pareille étude, car elle jette un jour très douloureux sur la moralité générale. Sous le gouvernement de juillet, pendant que l'on discutait une loi de douane, un député dit à la tribune : « Le seul moyen de tuer la contrebande, c'est de proclamer le libre-échange. » Cela est vrai, mais n'est point à l'honneur de l'espèce humaine.

La petite fraude, celle qui se fait aux barrières, revêt les formes les plus baroques pour n'être point découverte. Une chambre placée sous les combles de l'administration, et que l'on nomme *le musée*, contient un spécimen de tous les ustensiles saisis, fausses poitrines de nourrice, fausses apparences de « situation intéressante, » chapeaux d'homme à double fond, colliers de harnachement creux, bancs de voiture évidés, tabourets rembourrés d'un récipient en zinc, camisoles en caoutchouc qui peuvent facilement contenir 25 ou 30 litres. Dans un accident de chemin de fer récent, le mécanicien pris sous la locomotive eut les deux cuisses broyées et fut tué ; lorsqu'on lui enleva ses vêtements avant de l'ensevelir, on le trouva enveloppé d'un gilet gonflé d'alcool. Quand j'ai visité le musée, j'y ai vu une vingtaine de rouleaux de toile semblables à ceux que les marchands de blanc réunissent sur l'impériale de leurs voitures de transport et maintiennent à l'aide d'une forte courroie. Ce *truc* était nouveau et réellement ingénieux. L'affaire fut très habilement menée par les agents du contrôle-général, qui se méfiaient d'une

Maxime Du Camp

tapissière sur laquelle était écrit en très grosses lettres : *toiles et nouveautés.* L'enseigne était trop éclatante ; ils filèrent la voiture, dont les allures leur semblaient suspectes. Les premiers soupçons avaient été éveillés le 23 mai 1872 ; dès le lendemain, la tapissière de si honnête apparence était entourée et arrêtée au moment où elle venait de franchir la porte des Ternes. On y trouva 17 rouleaux de toile faits pour tromper les yeux les mieux exercés ; en réalité, elle contenait 17 cylindres de zinc revêtus d'une belle chemise de coton blanc plissé, et desquels on versa 4 hectolitres d'alcool à 94 degrés qui représentaient 1,253 francs de droits.

On fraude à l'aide de cabriolets en fer-blanc peint et qui ne sont qu'une vaste cuve ; on fraude en expédiant à Paris des piles d'assiettes qui sont entassées les unes sur les autres, par quatre douzaines, rattachées avec des liens de paille : les deux douzaines du milieu perforées cachent un bidon rempli d'alcool ; on fraude avec tout et pour tout. Parfois, lorsqu'on se trouve en présence de gens qui ne reculent devant rien pour satisfaire leur cupidité, on reste surpris de la hardiesse des moyens employés. Une affaire de cet ordre a laissé de profonds souvenirs chez les agents du contrôle-général ; elle mérite d'être rapportée. A la fin d'octobre 1864, on apprit avec certitude que des marchands de vin du quartier de l'Hôtel-de-Ville achetaient des alcools à 10 francs au-dessous du cours. On ordonna une surveillance qui amena la découverte de deux magasins situés dans deux quartiers différents ; ces magasins étaient alimentés par une tapissière chargée de fûts de petite dimension et qui partait du n° 11 de la rue de Jussieu ; la maison était bâtie en face le mur d'enceinte de l'entrepôt des vins et presque vis-à-vis le corps de garde des préposés de l'octroi. On crut à une distillerie clandestine, mais nulle fumée accusatrice ne s'échappait des cheminées, nulle eau ne s'écoulait dans la rue. Trois semaines se passèrent à examiner le local, les habitudes de ceux qui le fréquentaient, et le 26 novembre au matin le sous-inspecteur, le brigadier, deux commis ambulants, accompagnés d'un commissaire de police, firent irruption dans la maison ; ce fut une véritable découverte et à laquelle on ne s'attendait pas. Deux pompes se dégorgeant au-dessus de deux tonneaux furent manœuvrées et donnèrent l'une de l'alcool à 96 degrés, l'autre du vin. D'où provenaient ces liquides ? En fouillant dans une écurie, on

III. — Les fraudes.

démolit à coups de fourche un tas de fumier qui était posé sur des planches ; celles-ci furent enlevées, et l'on vit un puits de 7 mètres de profondeur ; on y descendit, et l'on pénétra dans un souterrain qui, franchissant la rue de Jussieu, s'arrêtait aux fondations de l'entrepôt ; mais trois tuyaux de caoutchouc traversant la muraille ne laissaient aucun doute sur la façon de procéder. L'un de ces tuyaux, aboutissant dans l'entrepôt général, à la cave située rue de la Côte-d'Or, n° 19, amenait du vin ; l'autre parvenait au n° 6 de la butte de la Gironde, dans là partie réservée aux eaux-de-vie, et recevait l'alcool ; le troisième servait aux communications acoustiques. C'était fort bien imaginé ; on emmagasinait dans l'entrepôt, où les droits ne sont jamais acquittés qu'à la sortie, et l'on « dépotait » à coups de pompe, rue de Jussieu, hors de l'action des préposés de l'octroi ; mais l'on avait compté sans la perspicacité du service du contrôle, et l'on fut mauvais marchand de cette aventure. La perte que cette fraude faisait supporter aux perceptions s'élevait à 2,250 francs par jour. A quelle somme peut se monter le préjudice que la fraude inflige à la caisse du ministère des finances et à celle de la préfecture de la Seine ? Il est impossible de répondre par un chiffre exact. 1 million, 1,500,000 francs, disent les plus modérés, — 10 ou 12 millions, disent les excessifs ; pour ma part, je ne sais. Il faut que ces fraudes sur les alcools soient bien considérables et bien multipliées pour que le conseil municipal ait voté 45,000 francs destinés à en favoriser la répression. J'ai fait avec les agents du contrôle une petite expédition dont le résultat pourra peut-être permettre d'arriver à un chiure approximatif raisonnable. Un jour du mois de décembre 1873, un commissaire de police, le sous-inspecteur du contrôle, un agent et moi, nous partîmes de l'administration et nous prîmes route vers un des anciens boulevards extérieurs de Paris. Nous pénétrâmes dans une grande cour cantonnée sur quatre côtés par des bâtisses légères, composées de tous les matériaux imaginables provenant de démolitions. Dans un coin, un vaste hangar en planches surmonté d'un tuyau sans fumée ; fenêtres d'atelier très haut placées et que l'on ne pouvait atteindre, porte close ; de l'intérieur, nul bruit perceptible, l'agent se retourna vers le commissaire de police et lui fit un clignement d'yeux qui signifiait : c'est là ! On frappa deux petits coups à la porte, qui s'ouvrit ; à peine fut-elle entrebâillée que l'agent, — un finaud

Maxime Du Camp

émérite, — y glissa son pied pour qu'il fût impossible de la refermer. On entra ; le sous-inspecteur nomma le commissaire et dit : « Eh bien, nous distillons donc clandestinement de l'alcool ? » L'ouvrier auquel on s'adressait, un colosse qui avait l'air d'un tambour-major en retraite et qui n'était qu'un ancien garçon boulanger, répondit : « Moi, je ne sais pas, je fais ce que mon patron me dit de faire. »

C'était complet : deux fourneaux allumés, deux alambics en beau cuivre rouge, appareil pour brûler la fumée, afin qu'on ne la vît pas,— branchement sur l'égout pour l'écoulement de l'eau, — des fûts pleins de mélasse et des touries d'acide d'un côté, de l'autre des tonneaux remplis d'excellent alcool à 49 degrés (la mélasse contient 20 pour 100 d'alcool, il suffit de la mettre en fermentation et de distiller pour obtenir de très bons produits). Nous n'étions pas entrés que nous étions rejoints par six employés du contrôle, qui sortirent je ne sais d'où. On demanda le patron, il était absent ; on demanda le propriétaire, il n'y était pas. Sa femme vint à sa place, une petite femme rousse qui se mit à braire si fort que l'on n'en put rien tirer. On vérifia la contenance des barriques, puis un agent, ayant pris quelques seaux d'eau, les jeta sur la houille ardente, l'éteignit et se mit à démonter les appareils. Il connaissait son métier, celui-là ; en une heure, il avait méthodiquement déboulonné les deux alambics et en avait rangé les pièces de façon que le commissaire de police pût y mettre les scellés. A 500 ou 600 mètres de là, on alla faire ouvrir un magasin secret, dont le contenu, futailles et mélasse, fut apporté dans la distillerie. L'examen fait, séance tenante, sur la capacité des chaudières et la qualité des produits, démontra que la fraude quotidienne pouvait être facilement de 750 francs ; en admettant que ce prudent industriel n'eût travaillé que la moitié de l'année, il bénéficiait de 136,500 francs par an. S'il y a vingt-cinq distilleries clandestines de cette importance à Paris, — et elles y sont certainement, — nous ne sommes pas loin de 3 millions 1/2.

Je n'ai pas à dire comment les agents, si peu nombreux, du contrôle-général parviennent à leurs fins avec une sorte de sûreté diabolique : la perspicacité, l'amour de la chasse, y sont certainement pour beaucoup ; mais il faut ajouter qu'une disposition du préfet de la Seine répartit le produit de saisie en trois parts égales : pour le trésor, pour la caisse de retraite des employés, pour les dénonciateurs. En style administratif, on appelle ceux-ci

III. — Les fraudes.

les *indicateurs*, et l'on prétend que quelques-uns se font un revenu assez agréable à l'octroi. Tous les fraudeurs ne sont pas traduits devant les tribunaux, car la loi, par une disposition fort sage, a autorisé l'administration de l'octroi à transiger avec les coupables. Si ceux-ci évitent la honte d'un débat public, ils paient assez cher cet avantage ; la transaction consentie exige le plus souvent une somme supérieure à l'amende que la police correctionnelle eût infligée.

Que des industriels de bas étage, chez lesquels l'âpreté des gains immodérés a oblitéré le sens moral, aient recours à de pareils moyens, cela se comprend, et tôt ou tard du reste ils finissent par être pris la main dans le sac et par rendre gorge : ; mais avec quelle sévérité ne devons-nous pas juger ces hommes riches, honorés, qui ne se font aucun scrupule de frauder l'octroi ! C'est là, il faut le reconnaître, une des plaies de notre société, elle s'ingénie à éluder la loi et cherche à frauder le fisc, comme au mauvais temps des gabelles. La fraude faite par les voyageurs qui débarquent à Paris dans les gares de chemins de fer dépasse toute proportion ; ceux-ci abusent d'une façon indécente des ordres que l'administration transmet à ses préposés. On leur recommande une extrême discrétion, d'éviter tout ce qui peut amener un retard ; au milieu des deux cents colis jetés sur les tables des salles de bagages, on n'en visite très sommairement que deux ou trois à peine. Aux guichets de sortie, la foule se tasse, et les préposés impuissants la laissent passer. Une telle conduite, qui devrait développer dans le public une probité scrupuleuse, produit le résultat opposé ; chacun se dit : Ah bah ! il y a trop de monde, on n'y verra rien, — et alors, sans vergogne, des hommes bien élevés, des femmes du monde qui exigent chez les autres des principes de délicatesse dont ils font bon marché pour eux, cachent dans leurs paletots ou sous leurs, mantelets toute sorte d'articles sujets aux droits. Lorsqu'on leur fait une observation amicale à cet égard, ils répondent invariablement ; : C'est si ennuyeux d'attendre !

Pendant la durée de la chasse, c'est un véritable scandale, c'est à qui dissimulera le perdreau ou le faisan qu'il rapporte : bien souvent le hasard m'a fait voyager avec des chasseurs qui rentraient, à Paris ; dès que le wagon pénétrait en gare, chacun cachait son gibier, et nul ne le déclarait. J'ai connu un avocat qui emportait toujours

Maxime Du Camp

à la chasse la serviette de maroquin dans laquelle il mettait ses dossiers pour aller au palais ; elle lui servait à passer son gibier en franchise. Tout cela est fort blâmable, et je regrette que l'octroi ne fasse pas de temps en temps un bon exemple ; s'il veut frapper sur des gens que leur situation sociale met à l'abri du soupçon, il n'aura que l'embarras du choix. Ce que l'euphémisme administratif appelle une fraude est bel et bien un vol, pas autre chose. Voler 20 sous en ne faisant pas une déclaration exigée, ou voler 20 sous dans la caisse de l'état, c'est tout un. Je sais que, selon beaucoup d'individus qui passent pour fort honnêtes, voler l'état, ce n'est pas voler ; c'est là une morale de police correctionnelle qui ne mérite même pas réfutation. Dans l'espèce, ce n'est ni à la ville de Paris, ni au ministère des finances que l'on fait tort, c'est aux indigents, aux infirmes, aux malades, aux enfants abandonnés. Ceci n'est point un lieu-commun sentimental débité pour les besoins, d'une cause qu'il est vraiment pénible d'avoir à défendre, c'est la vérité. On peut en juger. La ville de Paris, en 1873, a transmis 14,474,977 fr. à l'assistance publique, afin que celle-ci pût soulager toutes les infortunes qui crient vers elle ; à l'enseignement gratuit, elle a donné 9,916,448 francs ; elle a employé une somme de 3,520,370 francs à, payer la note personnelle de 180,000 individus dont le loyer est inférieur à 400 francs. Pour faire exécuter dans notre cité des travaux d'utilité publique dont tout le monde profite, et qui sont une sorte de prime d'encouragement au labeur des ouvriers, elle a dépensé 34,068,890 francs. Enfin dans l'entretien de la garde municipale, des pompiers, des gardiens de la paix, qui, oh peut en convenir, rendent des services appréciables au point de vue de la sécurité générale, sa part a été de 4,416,570 francs. La ville a donc consacré une somme de 66,397,255 francs à des œuvres dont les malheureux ont le premier et le plus sûr bénéfice ; ce gros budget à qui va-t-elle le demander pour être certaine de l'obtenir sans difficulté ? A l'octroi « municipal et de bienfaisance, » comme disait la loi de vendémiaire an VII. C'est là ce que l'on ne devrait jamais oublier lorsqu'on est sollicité par quelque mauvaise pensée de fraude ; cela n'arrêtera pas les âmes indélicates, mais cela fera réfléchir les gens qui, par enfantillage ou pour s'éviter un mince ennui, oublient volontairement d'être honnêtes et ne font pas les déclarations obligées.

III. — Les fraudes.

Pour les ressources municipales, pour les fonds de bienfaisance spécifiée ou déguisée, l'octroi de Paris est donc le produit le plus constant et le moins aléatoire. Frappant des objets de première nécessité et surtout des denrées de consommation, il ne peut tarir, chaque bouchée de nourriture l'alimente, et il est éparpillé à l'infini. Il s'acquitte par quantités tellement minimes qu'il peut, jusqu'à un certain point, passer inaperçu ; pour chacun des 1,851,792 habitants de Paris, il représente une dépense quotidienne de 15 cent. 69. Les négociants qui, recevant un arrivage de marchandises, ont à payer d'un seul coup une somme importante, ne font qu'une avance qui leur est remboursée avec intérêts par leurs clients. Bien des gens maudissent cependant l'octroi et le trouvent excessif, sans réfléchir que de toutes les sommes qu'il a encaissées, il en a versé précisément un tiers au bout de l'année au ministère des finances.[1] On l'accuse d'avoir outrageusement chargé les vins et les liqueurs ; mais sur les 22 francs 87 cent, que paient les premiers, le trésor ne lui en a laissé que 11, et sur les 318 francs 60 cent, que paient les secondés il donne 238 francs 80 centimes aux finances : en cette matière du moins, la part du lion n'est pas pour lui.

C'est la poule aux œufs d'or ; il est bon de l'entourer de soins, de la ménager et de n'en point exiger une production démesurée ; pour accroître son revenu, il est inutile de surcharger les taxes ; on peut s'en rapporter à l'attraction que Paris exerce sur les provinciaux et sur les étrangers. Plus les hôtes venus de l'extérieur sont nombreux dans notre ville, plus les consommations augmentent, et plus on voit grossir les produits de l'octroi ; c'est pourquoi les temps de calme et de prospérité se révèlent, au premier coup d'œil, sur les tables récapitulatives, car le total prend tout de suite des proportions respectables. Je crains que l'on n'ait maintenant une certaine tendance à exiger de l'octroi plus qu'il ne comporte, et à le mêler à des opérations qu'il doit ignorer. Les finances municipales, si considérables qu'elles soient, ne sont pas en rapport avec les besoins de Paris, d'un Paris commencé, qu'il faut continuer, sinon finir. Comment parviendra-t-on à se procurer les ressources nécessaires, par des taxes ou par des emprunts ? On agite volontiers

---

1 En 1872, l'octroi a perçu près de 151 millions ; 100 millions représentant les taxes municipales ont été acquis à la ville ; 50 millions 1/2, produit des droits d'entrée, ont été versés au ministère des finances.

Maxime Du Camp

ce problème, qui me semble pouvoir être résolu facilement. Tout ce qui offre un caractère d'utilité immédiate et normale, tout ce qui est destiné à mouvoir le mécanisme régulier des organes mêmes de la vie urbaine ressortit aux taxes et naturellement à l'octroi ; nous payons pour qu'on pave nos rues, pour qu'on les balaie, pour qu'on les éclaire ; nous payons pour qu'on soigne nos malades, pour qu'on recueille nos enfants perdus et nos infirmes, nous payons pour qu'on nous garde et qu'on nous protège. Rien n'est plus juste ; mais dès qu'il s'agit des travaux dont nos descendants profiteront et dont, soit dit en passant, nous n'avons que tous les ennuis, lorsqu'on amène des rivières à Paris, que l'on canalise son sous-sol, que l'on ouvre des boulevards, que l'on fait des trouées hygiéniques dans ces quartiers obscurs et enchevêtrés où nous cherchions en vain jadis un peu d'air et de soleil, lorsque l'on fait pour nos enfants une ville plus saine, plus belle, mieux ordonnée que la nôtre, c'est à l'emprunt que l'on doit s'adresser, car il est équitable de faire payer à l'avenir les bienfaits que nous lui léguerons et que nous n'aurons qu'imparfaitement connus.

Quoi qu'il en soit de cette question, qui ne se rattache qu'incidemment à notre sujet, l'octroi, malgré les fraudes qui l'attaquent et le mauvais vouloir qu'il excite parfois, est entré dans nos mœurs ; il fonctionne avec régularité. Exclusivement payé par les habitants de Paris, il est employé exclusivement à leur profit : ce que la population donne en gros sous lui est rendu en bien-être. En le supprimant, on n'enrichirait personne et l'on appauvrirait tout le monde ; l'impôt que les pauvres, les estropiés, les enfants trouvés, les aliénés, les malades lèveraient alors sur nous, en nous poursuivant dans nos rues et jusque dans nos maisons, serait bien plus lourd, plus onéreux, plus vexatoire, que la taxe à peine sensible récoltée par les préposés de l'octroi, dans un dessein déterminé où le soulagement de la souffrance, l'instruction de l'enfant et l'humanité ont la meilleure part.

III. — Les fraudes.

ISBN : 978-1533286628